Collection Crabtree « Les racines »

NOS AMIS LES ANIMAUX DE LA FERME

LES VACHES

AMY CULLIFORD

CRABTREE
Publishing Company
www.crabtreebooks.com

Soutien de l'école à la maison pour les gardien(ne)s et les enseignant(e)s.

Ce livre aide les enfants à se développer grâce à la pratique de la lecture. Voici quelques exemples de questions pour aider le(a) lecteur(-trice) à développer ses capacités de compréhension. Des suggestions de réponses sont indiquées en rouge.

Avant la lecture

- De quoi ce livre parle-t-il?
  - *Ce livre parle des vaches.*
  - *Ce livre parle des vaches vivant sur une ferme.*
- Qu'est-ce que je veux savoir sur ce sujet?
  - *Je veux en savoir plus sur les différentes sortes de vaches.*
  - *Je veux savoir de quelles couleurs peut être une vache.*

Durant la lecture

- Je me demande pourquoi...
  - *Je me demande pourquoi les vaches ont des taches.*
  - *Je me demande pourquoi les vaches font meuh.*
- Qu'est-ce que j'ai appris jusqu'à présent?
  - *J'ai appris que les vaches peuvent être de couleurs différentes.*
  - *J'ai appris que seulement certaines vaches peuvent donner du lait.*

Après la lecture

- Nomme quelques détails que tu as retenus.
  - *J'ai appris que les vaches peuvent être brunes.*
  - *J'ai appris qu'il y a des vaches qui ne donnent pas de lait.*
- Lis le livre à nouveau et recherche des mots de vocabulaire.
  - *Je vois le mot **ferme** à la page 5 et le mot **lait** à la page 10. Les autres mots de vocabulaire se trouvent à la page 14.*

Voici une **vache**.

Ces vaches vivent
sur une **ferme**.

Certaines vaches sont brunes.

Certaines vaches sont noires et blanches.

Certaines vaches
donnent du **lait**.

Toutes les vaches font : *meuh*!

Liste de mots

Les mots utilisés

blanches
brunes
certaines
ces
donnent
du
et
font
les
meuh
noires
sont
sur
toutes
une
vivent
voici

La boîte à mots

ferme

lait

vache

29 mots

Voici une **vache**.

Ces vaches vivent sur une **ferme**.

Certaines vaches sont brunes.

Certaines vaches sont noires et blanches.

Certaines vaches donnent du **lait**.

Toutes les vaches font : *meuh*!

NOS AMIS LES ANIMAUX DE LA FERME

LES VACHES

CRABTREE Publishing Company

Autrice : Amy Culliford
Conception : Rhea Wallace
Développement des séries : James Earley
Conseillère pédagogique : Christina Lemke M.Ed.
Traduction : Claire Savard

Photographies :
Shutterstock : Clara Bastian : couverture (haut à gauche); Sebastian Knight : couverture (haut à droite); Oligo22 : couverture (bas); Anton Havelaar : p. 1; Clara Bastian : p. 3, 12, 14; Maxy Me : p. 4, 14; L.M. Dunn : p. 7; SGr: p. 8-9; RedTC: p. 11, 14

Catalogage avant publication de Bibliothèque et Archives Canada

Titre: Les vaches / Amy Culliford ; traduction : Claire Savard.
Autres titres: Cows. Français
Noms: Culliford, Amy, 1992- auteur.
Description: Mention de collection: Nos amis les animaux de la ferme | Collection Crabtree "Les racines" | Traduction de : Cows.
Identifiants: Canadiana (livre imprimé) 2021012928X | Canadiana (livre numérique) 2021012931X | ISBN 9781427136299 (couverture souple) | ISBN 9781427139474 (EPUB) | ISBN 9781427136978 (HTML)
Vedettes-matière: RVM: Vaches—Ouvrages pour la jeunesse.
Classification: LCC SF197.5 .C8514 2021 | CDD j636.2—dc23

Crabtree Publishing Company

www.crabtreebooks.com 1-800-387-7650

Imprimé au Canada / 022021 / CPC

Publié aux États-Unis par
Crabtree Publishing
347 Fifth Avenue, Suite 1402-145
New York, NY, 10016

Publié au Canada par
Crabtree Publishing
616 Welland Ave.
St. Catharines, Ontario L2M 5V6